AF227168

BONNETON

BOURBONNAIS, DAUPHINÉ, AUVERGNE.

ARMES : *d'azur, à trois rocs d'échiquier d'or. L'écu timbré d'un casque de chevalier orné de ses lambrequins aux couleurs de l'écu.*

UCCESSIVEMENT répandue dans les provinces de Dauphiné et d'Auvergne, la famille BONNETON, dont le nom paraît avoir subi bien des altérations, et s'est écrit indistinctement BONETON, BENETON, et BENNETON, a pour berceau le Bourbonnais, où elle apparaît dès le XIV° siècle avec la qualification nobiliaire. De cette province, elle s'est répandue successivement en Dauphiné, où elle n'a plus de représentants depuis le XVII° siècle; puis en Auvergne; ses descendants résident actuellement en Bourbonnais.

D'après Moreri, le savant auteur du *Dictionnaire historique* (*Voir l'édition de* 1759 *au mot* Beneton), « la famille Bonneton aurait une origine commune avec celle des Benneton de Moranges et de Peyrins du Dauphiné et Bourbonnais, et tirerait, comme cette dernière, son origine des Benetti ou Benedetti, puissante maison noble d'Italie, dont les différentes branches ont subsisté longtemps à Venise, Gênes et Rome; et il ajoute qu'un Benedetti serait venu d'Italie à Lyon dans le xve siècle, et que de ses descendants, les uns conservèrent leur nom sans altération, et les autres lui enlevèrent sa terminaison italienne en le francisant en celui de Beneton ou Boneton. » Il est vrai que le père Ménestrier dans son *Histoire civile et consulaire de Lyon*, page 393, atteste qu'il y avait à Lyon, au xve siècle, des Benedetti, et qu'ils avaient leur chapelle et leur tombe en l'église des Carmes, aux Terreaux.

Mais ce fait, à notre avis, n'est point suffisant pour justifier l'assertion de Moreri, malgré tout le respect que nous avons pour son ouvrage.

Notre opinion, raisonnée et basée sur les recherches le plus consciencieusement faites, est que la famille Bonneton ne doit pas avoir une origine commune avec les Benneton de Moranges et de Peyrins.

La filiation des diverses branches et rameaux actuellement existants de la famille Bonneton n'est régulièrement suivie que depuis le xvie siècle; il a été impossible de la remonter plus loin, à cause des lacunes qui existent dans les registres de l'état civil de Riom, et les archives départementales du Puy-de-Dôme.

Mais il convient, avant de l'établir, de faire mention des personnages détachés que nous avons retrouvés, et qui appartiennent bien tous à la même souche.

Le plus ancien personnage connu par les chartes est Jean Bonneton, damoiseau, qui figure dans une charte originale dont voici la teneur :

« Je Jehans de Molins, archiprestre dudit Molins, à toz ceans qui verront
« ces présentes lectres, salut : sachent tuict que pardevant nous establi
« Jehan Bonneton, *damoiseau*, a recogneu qu'il tient en fief lige de monsei-
« gneur de Clermont totes les choses qu'il ha de par soi et par sa femme,
« qui sont assises en la parroiche de Trenel et d'Arnoyme, savoir : maisons,
« garennes, vignes, forèts, véneries et prés, et totes les choses qu'il ha qui

« sont assises à Yseure, savoir : maisons, prés, vignes, fossés, garennes et
« autres choses que illec elles soient ; en tesmoing de laquelle chose nous
« avons mis notre scel.

« Donné en l'an de grâce mil trois cent, le lundi avant la saint Luc évan-
« géliste. » (*Archives nationales. Registre de la Chambre des comptes, inti-
tulé* AVEUX DU BOURBONNAIS. *Pièce* 292. *Registre coté*, P. 454.)

Ainsi, dès le XIVe siècle, la famille BONNETON possédait des biens nobles et
jouissait de la qualification nobiliaire. Malheureusement les lacunes nom-
breuses qui existent dans les archives de l'État empêchent d'avoir aucune indi-
cation précise sur sa filiation depuis cette époque ; mais il est vraisem-
blable qu'elle est continuée jusqu'au moment où on la retrouve fixée en Auvergne, en la personne de :

Roger BONNETON, notaire et secrétaire du roi, lequel constata en cette
qualité, dans une charte du 3 juillet 1451, que Robin Ogier, « chevaul-
« cheur de l'écurie du Roi avait touché de Martin Roux, receveur de l'aide
« au pays d'Auvergne, la somme de douze livres tournois, tant pour avoir
« porté les lettres closes dudit sire aux gens des trois États du haut
« pays d'Auvergne, pour le fait de leur assemblée, comme pour un voyage
« par lui fait devers le roi par l'ordonnance dudit pays et des commissaires
« pour icelui aide ». (*Titre original en parchemin.*) Au XVe siècle, les
notaires et secrétaires du roi étaient souvent pris dans la noblesse.

D'après la date suivante, il est permis de supposer que Roger BONNETON a eu
pour fils :

Pierre BONNETON, homme d'armes des ordonnances du roi, que l'on trouve
inscrit au rôle de la revue passée à Fougères, le 26 juillet 1488, des troupes
du roi commandées par messire Jacques Guineuf. (*Titre original en parchemin.*) Cette montre renferme les noms de plus de deux cents nobles des provinces d'Auvergne, Bourbonnais et Poitou.

D'après une note ancienne, N. BONNETON résidait en 1505 au château de
Naves près Bellenaves (aujourd'hui département de l'Allier), et servait comme
page du seigneur de ce château.

Jean de BONNETON ou BONETON, mort en 1560, chanoine régulier de l'ordre de Saint-Antoine Viennois, fut, au rapport de Chorier, historien du Dauphiné, un des plus grands personnages de son siècle, versé dans toutes les sciences et les langues anciennes ; il traduisit le *Menologe* et l'*Horologe* (livres sacrés des Grecs). Il est mort à Saint-Antoine, en ladite année 1560, à l'âge de 75 ans. (CHORIER, *Histoire du Dauphiné*, tome II, livre XVI, page 540.)

En 1568, Jean BONNETON dit DE MAUGRAS, écuyer, gentilhomme et trésorier de la vénerie du roi, donna procuration, le 25 mai 1568, devant Jean Methenet, notaire royal au duché de Bourbonnais, à Gilbert AUBERTET, valet de limiers, pour toucher en son nom les gages de vénerie qui lui étaient dus. Ladite procuration est signée : MAUGRAS. (*Titre original en parchemin*). Jean BONNETON fut nommé en 1571 concierge (1) du château de Fontainebleau, comme il conste d'une quittance donnée devant notaire par le même Aubertet, au nom et comme procureur dudit Jean BONNETON DE MAUGRAS, écuyer, et suivant acte passé devant Huot de Rit, notaire royal au duché de Bourbonnais, à M. Pierre de Fitte, trésorier de l'Épargne, des gages dus audit DE MAUGRAS, pour raison de son office. (*Titre original en parchemin.*)

N. BONNETON ou BONETON, homme d'armes, est cité dans une revue militaire, passée en Languedoc en 1586, d'une compagnie commandée par le sieur du Moulon, et dans laquelle servaient également les sieurs Michallon, Chambon, de Beyssac, Cabassut, Mazeret, Veyssiet, Roquebrune, de Malbosc, Seguinet, etc. ; la plupart de ces nobles appartenaient au pays d'Auvergne. (*Titre original en parchemin.*)

En 1608, Michel BONNETON, est compris au rôle de la montre et revue de 50 hommes de guerre à pied, en garnison à Beaucaire, commandés par M. de Peyraud. (*Titre original en parchemin.*)

Enfin, le 2 juin 1764, François BONNETON, procureur en la sénéchaussée d'Auvergne, est mentionné dans une sentence du présidial de Riom, comme représentant Antoine Salvage, greffier au bailliage de Salers, plaidant contre un Jean Rilliac. Il mourut en 1789, agé de 64 ans.

La souche principale des BONNETON s'est divisée en quatre branches distinctes, savoir : 1° Celle qui s'est fixée dans le Dauphiné, où elle s'est éteinte

---

(1) D'ordinaire les concierges des châteaux royaux avaient le grade de capitaine, et jouissaient dès lors de tous les privilèges réservés à la noblesse.

après quatre générations; 2° Celle qui, revenue en Auvergne, y a formé plusieurs rameaux, et s'est continuée jusqu'à nos jours ; 3° Celle établie à Ussel, aussi existante; 4° Celle fixée à Bellenaves.

PREMIÈRE BRANCHE

EN DAUPHINÉ

La filiation n'a pu être établie, malgré les nombreux historiens qui se sont occupés de la famille, au delà de :

I. François BONNETON, écuyer, vivant au commencement du xvɪᵉ siècle, qui eut pour fils :

II. Nicolas BONNETON, procureur syndic des États du Dauphiné, en 1532 : (GUY ALLARD, *Nobiliaire du Dauphine*). « Cette charge n'étoit possédée que par des gentilshommes d'une suffisance reconnue et d'une probité non suspecte. » (CHORIER, *la Jurisprudence du célèbre conseiller Guy Pape*, *préface*, pages 22 et 23.)

Nicolas BONNETON eut de sa femme, dont le nom ne nous est pas connu, un fils qui suit :

III. Guillaume BONNETON, écuyer, prit alliance vers 1565 avec noble Jeanne CHAMBRIER, d'une très ancienne famille noble du Dauphiné (1). De cette union naquirent les enfants ci-après :

> 1° Jean BONNETON, écuyer, avocat au parlement de Grenoble, puis substitut du procureur général de ladite Cour, commentateur de *Guy Pape* (2). — « BONNETON, que Moreri (*Dictionnaire historique de Moreri*, édition de 1759) nomme à tort BENETON, a, dit cet auteur, laissé des Mémoires pour servir à l'histoire du Dauphiné, qui n'ont point

(1) La famille CHAMBRIER, dont sont issus les seigneurs des Granges, de l'Isle, etc., est très ancienne. Randon CHAMBRIER fut tué en Bretagne au combat que livra Adrien de l'Hospital contre La Moussaye, pour le roi Charles VIII, en 1487. Jacques CHAMBRIER était capitaine d'infanterie; Yves CHAMBRIER se signala dans les guerres de la Ligue; Hippolyte, son fils, fut tué à Saint-Avold, en Lorraine ; Claude CHAMBRIER était juge des terres du duché de Lesdiguières, en 1670. ARMES : *D'azur, à une tour accolée d'un corps de bâtiment d'argent, crénelée, maçonnée, fenestrée et ouverte de sable.*

(2) Guy PAPE, conseiller au parlement de Dauphiné, né à Lyon, fut fait conseiller au conseil Delphinal en 1442, étant âgé de 40 ans, et plus tard devint conseiller au Parlement, lors de sa création, par Louis XI. Guy PAPE mourut en 1487, à l'âge de 85 ans.

paru, mais qui ont été, dit-on, entre les mains de M. de Valbonnais;»

2° Guiffrei Bonneton, auteur de la Deuxième branche établie en Auvergne et en Bourbonnais, actuellement existante, et qui sera rapportée ci-après ;

3° Isabeau Bonneton, qui fut mariée en 1589 au célèbre président Claude Expilly, fils d'autre Claude Expilly, sergent de bataille dans l'armée commandée par le duc de Montpensier, tué près de Chabrillan, le 22 septembre 1475, et de Jeanne Richard.

Issu d'une famille du bourg de Voiron en Dauphiné, Claude Expilly était né le 21 décembre 1561. Il fut nommé en 1586 substitut des gens du roi, puis conseiller et procureur général du roi en la Chambre des comptes et Cour des finances de la province, enfin avocat général. Il devint président au Parlement de Dauphiné.

Henri IV et Louis XIII employèrent Expilly dans diverses négociations en Savoie et en Piémont, et il s'en acquitta toujours de manière à mériter la confiance de ces souverains.

Expilly mourut à Grenoble le 25 juillet 1636. Il écrivit en latin en marge des livres de *Balde* et de *Cujas* la note suivante, où il parle de ses premiers travaux et de la dame DE Bonneton, son épouse :

« Cum me votum parentum haud quidem naturâ consentiente ad
« studium legum vocasset, ego Claudius Expillyus Voronensis, cui
« cœlestia sacra musarum placebant, toto Helicone relicto, ani-
« mum repugnantem appuli ad hunc codicem anno 1589, tempus
« decem annorum; quod huic generi litterarum pigrè dederam anteà
« quasi in vanum transactum fateor.

« At postquam uxorem duxi nobilem Isabellam Bonneton, motus
« famâ ac memoriâ nobilis *Nicolai* Bonneton ejus *avi*, ne nomen in
« hac arte ignobile foret meum, lubens et dicta imperatorum
« amplector, felicibusque auspiciis aggredior ; nec vos, ô Musæ, ut
« Boetius repello vestros inter hæc seria jocos inserendo, et nobis
« erit studium quod ante fuit aspro consilio recusum, votum maternum
« sequor. Claudius Expillyus ponebat anno 1589, mense septembri.»

Claude Expilly perdit sa femme au mois de juin 1625 ; il lui éleva un tombeau magnifique dans une chapelle de l'église paroissiale de Chatte, située près de la ville de Saint-Marcelin, non loin du château de la Poëpe, qu'elle avait elle-même fait construire; ses armes et celles de sa femme (telles qu'elles sont figurées en tête de la présente notice) y furent peintes à côté d'une inscription latine ainsi conçue :

D. O. M.

Isabella BONNETON,

NATALIBUS ILLUSTRIS, MORIBUS ILLUSTRIOR, SACELLUM HOC,
EX VOLUNTATE MARITI, A FUNDAMENTIS RESTITUIT,
POST PAULO, FATIS CONCESSIT.

Claudius EXPILLYUS,

POËPIÆ DOMINUS, COMES CONSISTORIANUS,
IN SENATU GRATIONIPOLITANO PRÆSES
CONJUGI DULCISSIMÆ CUM QUA VIXIT SINE QUERELA, ANNIS 39,
INFERIIS QUAS ACCIPERE CUPERET DATIS,
HOC MONUMENTUM EREXIT.
OBIIT GRATIANOPOLI, UBI QUIESCIT, 22 SEPTEMBRIS 1627.

Il fit ensuite peindre un cœur dans lequel ces quatre vers se trouvaient :

> « Pour honorer ta vie, ô ma chère ISABELLE,
> « Il fallait peindre ici tes grâces, tes vertus,
> « Mes larmes et les feux de ton amour fidelle
> « Et renverser dessous les crimes abattus. »

Donnons ici, au besoin, la traduction de l'épitaphe qui précède :

« A la gloire de Dieu tout bon, tout puissant,

« Isabelle DE BONNETON, que sa naissance et ses mœurs rendi- « rent illustre, ayant, de l'agrément de son époux, rétabli cette cha- « pelle, est décédée quelques temps après.

« Claude EXPILLY, seigneur de la Poëpe, conseiller du roi, pré- « sident au Parlement de Grenoble, éleva ce tombeau à sa très « douce épouse, avec laquelle il a vécu trente-neuf ans, et s'est « acquitté envers elle des devoirs funèbres et funérailles qu'elle « désirait en recevoir. Elle trépassa le 22 septembre 1627, à Gre- « noble, où son corps repose. »

(Voir *Antoine Boniel de Castillon, vie de Mre Claude Expilly,* Grenoble, 1660, in-4°.)

Les armes d'Expilly sont : *d'azur au coq d'or ; au chef d'or, chargé de trois molettes de sable.* (CHORIER, *Nobiliaire du Dauphiné,* page 244.)

Claude EXPILLY ne laissa qu'une fille :

Gasparde EXPILLY, qui fut mariée deux fois : 1° avec Laurent DE CHAPONAY, seigneur de Bresson (1) ; 2° le 10 juin 1615, avec Claude DE FASSION, seigneur de Brion (2), président au Parlement de Dau- phiné.

Gasparde EXPILLY avait eu, de son premier mari, une fille, Isabeau de Chaponay, mariée à Antoine DE MORETON, des marquis de Cha- brillan.

---

(1) La maison *de Chaponay,* originaire du Dauphiné, dont les barons de Morancé et de Belmont, seigneurs de Chaponay, de Ponsonas, d'Eybens, de Feyzen, de Bresson, de Saint-Marcel, de la Mure, etc., titrés marquis de Chaponay-Morancé, remonte, d'après les preuves de cour dressées par Cherin, à Pierre de Chaponay, chevalier, vivant à la fin du XIII° siècle. Parmi ses descendants. on compte, entre autres : Antoine DE CHAPONAY, damoiseau, châtelain du château de Vernaison (1412); Jean, Soffray et Laurent, successivement présidents de la Chambre des comptes du Dauphiné (1519, 1531 et 1550) ; Bertrand, chevalier de l'Ordre du roi (1625) et gentilhomme ordinaire de sa Chambre ; enfin plusieurs officiers distingués par leurs services, dont le dernier, Pierre-Anne DE CHAPONAY, chevalier, marquis de Chaponay-Morancé, premier page de Madame, comtesse d'Artois (1780), lieu- tenant-colonel de cavalerie et chevalier de Saint-Louis, a eu l'honneur de monter dans les carrosses du roi (1784).

Les armes de Chaponay sont : *d'azur, à trois coqs becqués, crêtés, barbés et membrés de gueules.* Devise : *Gallo canente spes redit.*

(2) Originaire du Dauphiné, la maison *de Fassion* était, suivant *Guy Allard,* connue dès l'an 1194. Elle a formé cinq branches, dont la principale était celle des seigneurs de Sainte-Jay et de Brion. Deux autres habitaient, l'une à Chatonnay, l'autre à Roybon, où elle exerçait l'art de la verrerie.

Claude DE FASSION était prieur claustral du monastère de l'Ile-Barbe en 1512 ; Étienne DE FASSION combattit à la journée de Cerisoles en 1544 ; Jean DE FASSION se signala à Valence et à Crest pendant les guerres de religion ; Charles-Antoine DE FASSION, seigneur de Sainte-Jay, se comporta vaillam- ment au siège de Gavi ; et Charles DE FASSION, maréchal de l'ordre de Saint-Jean de Jérusalem, fut tué dans un combat entre les galères de Malte et la flotte algérienne, en 1647. Il était frère de Claude DE FASSION, seigneur de Sainte-Jay et de Brion, avocat général, puis président au Parlement, gendre du président *d'Expilly,* qui eut, entre autres enfants, Charles et Claude DE FASSION, tous deux che- valiers de Malte.

Les armes de cette famille sont : *de gueules, à la croix d'or, cantonnée en chef de deux étoiles de même, et en pointe de deux roses d'argent.* Devise : *Fulget et floret.*

DEUXIÈME BRANCHE

EN AUVERGNE ET BOURBONNAIS

IV. Guiffrey BONNETON, frère d'Isabeau BONNETON, femme du président d'Expilly, vint se fixer en Auvergne vers l'an 1600 et s'y maria. Il eut trois enfants :

1º Pierre, qui suit;
2º Antoine BONNETON, né vers 1610, mort en 1685, marié vers 1650, dont :
A Catherine BONNETON, née vers 1655, mariée le 4 février 1682 avec Laurent BÉRARD;
3º Anne BONNETON, femme de Jean CHANTELAUZE (1), dont une fille : Anne CHANTELAUZE, née en 1664.

V. Pierre BONNETON, né vers 1605, mort le 27 juin 1677, fut inhumé à la Montgie, près Issoire. Sa descendance compte plusieurs prêtres et plusieurs religieuses. Il a laissé sept enfants :

1º Laurent, qui suit ;
2º Jacques BONNETON, né vers 1635, épousa Catherine BÉRARD, dont : Jean BONNETON, né en 1687;
3º Antoine BONNETON, né vers 1636, épousa vers 1661, Anne JACOB, dont quatre enfants ;

A Guillaume BONNETON, né le 15 septembre 1665;
B Jean BONNETON, né le 8 mai 1670 ;
C Pierre BONNETON, né en 1682 ;
D Philippine BONNETON.

4º Anne BONNETON, née vers 1640, mariée à la Montgie, près Issoire, à Jean BÉRARD ;
5º 6º et 7º Et trois filles : Marie, Marguerite et Philippine BONNETON.

VI. Laurent BONNETON, né vers 1630, notaire royal à la Montgie, près Issoire, épousa Giralde BARDY, dont il a eu deux fils :

1º Jacques-François BONNETON, qui figure comme parrain du fils de son frère auquel il donna son nom de Jacques-François;
2º Jacques, qui suit.

(1) La famille DE CHANTELAUZE est originaire de la Tour-Goyon, au diocèse de Clermont. N. CHANTE-LAUZE, frère de Jean CHANTELAUZE, notaire de ce lieu, s'établit, en 1677, à Montbrison en Forez. Cette famille a donné un ministre d'Etat sous la Restauration. Armes : *de sinople, au chevron d'argent accompagné d'un losange de gueules.*

VII. Jacques Bonneton, II⁰ du nom, praticien, puis notaire royal apostolique à Riom, en 1685, épousa, en premières noces, le 6 février 1687, Marguerite Desoches, morte le 31 décembre 1700, sans laisser d'enfants; elle fut inhumée dans le tombeau de son père, dans le cloître des Révérends Pères Cordeliers; et en secondes noces, le 4 juillet 1701, Françoise Constant, fille de feu Annet Constant et de Amable Vigier. De cette seconde union sont nés quatre enfants :

1⁰ Jacques-François, auteur de la TROISIÈME BRANCHE, dite D'USSEL, rapportée ci-après ;

2⁰ Jean-Joseph Bonneton, né en 1707, mort jeune ;

3⁰ Jacques, auteur de la QUATRIÈME BRANCHE, établie à Bellenaves, dont l'article suivra ;

4⁰ Elisabeth Bonneton, née en 1704, morte à l'âge de 3 ans.

TROISIÈME BRANCHE

A USSEL

VIII. Jacques-François Bonneton, né le 17 mars 1702 (fils aîné de Jacques Bonneton et de demoiselle Constant), eut d'une alliance dont le nom n'a pu être retrouvé, le fils qui suit.

IX. N. Bonneton, né vers 1735, et marié vers 1765 avec Anne Gaudon (1), fille de Gilbert Gaudon et de Gilberte Vigier, petite-fille de N. Vigier (2), juge à Clermont. D'eux vinrent trois enfants :

1⁰ Joseph Bonneton, chanoine à Clermont, émigra en Espagne et fut nommé à son retour curé à Blanzat (Auvergne) ;

2⁰ Claude-Victor, qui suit ;

3⁰ Antoine Bonneton, chanoine à Clermont, émigra en Angleterre et fut nommé à sa rentrée curé de Janzat (Allier).

X. Claude-Victor Bonneton, né à Riom, avocat à Clermont, se retira pour cause politique à Ussel, où il devint maire en 1796; à la Restauration, il accepta, sur de vives instances, la justice de paix de Chantelle.

---

(1) Anne Gaudon avait pour frères consanguins : Martin, définiteur des Récollets, Jean, récollet, Gilbert, poète et docteur en Sorbonne, et pour frère propre, François Gaudon prieur-curé de Saint-Vincent de Blanzac en 1764. Armes : *d'azur, à un chevron d'or, accompagné en chef de deux coquilles du même, et en pointe d'un ciboire d'argent.*

(2) Armes des Vigier : *d'or, à la bande de gueules, chargée de six besants d'or.*

Il épousa 1° Marguerite Chartier (1); 2° Suzanne Secretain de Neuville, fille de Jean–François, sieur de Neuville (2), chef de bataillon dans un régiment d'infanterie (régiment de Saintonge), gouverneur de la Pointe-à-Pitre, chevalier de l'ordre royal et militaire de Saint–Louis.

Du premier mariage vinrent :

> 1° Joséphine Bonneton, née le 24 mars 1793, baptisée en l'église cathédrale de Clermont, le 27 mars suivant, eut pour parrain Joseph Bonneton, son oncle, et pour marraine sa grand'mère maternelle, Marie-Antoinette Chartier. Elle épousa M. Mioche, dont elle eut une fille :
>> A. Joséphine Mioche, mariée à M. Tixier, avocat à Riom, dont elle a eu deux enfants :
>>> AA. N. Tixier, mariée à M. Senac, docteur en médecine; BB. Henri Tixier, célibataire.
>
> 2° Jacques-Victor, qui suit;

Du second mariage est né :

> 3° Jacques-Victor, filleul du précédent, dont l'article suivra.

XI. Jacques-Victor Bonneton, né le 11 avril 1795, fut baptisé dans l'église de Saint-Isidore d'Ussel. Il épousa Louise Artaud-Duplant, dont il eut deux enfants :

> 1° Jacques-Marcellin, qui suit;
> 2° Juliette Bonneton, née le 28 août 1827, mariée à Joseph-Edouard Choussy, né le 19 février 1824, auteur de plusieurs ouvrages d'érudition. De cette union restent les deux enfants ci-après :
>> A. Madeleine-Lucile Choussy, née en 1847, mariée en 1867 à Pierre Sarrot, dont :
>>> AA. Pierre Sarrot ;
>>> BB. Marie Sarrot.
>> B. Louis Choussy, avocat à Cusset, né le 17 janvier 1852, marié en 1879 à Marguerite Bellemin, née en 1860.

---

(1) La famille Chartier figure honorablement dans les archives d'Ussel (Allier). En 1614, un Chartier était président châtelain de la Châtellenie d'Ussel; en 1682, Gilbert Chartier (bisaïeul de Marguerite) était conseiller du roi; il mourut en 1691 et fut inhumé à Chantelle, où il avait conjointement, avec sa femme, Gabrielle Bonnelat, établi la confrérie du Saint-Sacrement. En 1697, vivait à Ussel, Charles-Christ Chartier de Jadon, écuyer du roi, époux de Marie de la Boullaye.

(2) A son retour des colonies, le vaisseau qu'il montait fut assailli par une tempête épouvantable et réduit à la dernière extrémité; on jeta à la mer tout ce qui pouvait délester le navire, même la caisse qui contenait les fonds et la solde appartenant au corps sous les ordres du commandant Secretain de Neuville. Le vaisseau, les soldats et les matelots furent sauvés. Arrivé en France, ce brave officier ne voulut pas que ses soldats fussent privés de la solde qui leur appartenait; il vendit le plus beau des domaines qu'il possédait à Ussel, pour pouvoir rendre à chacun ce qui lui était dû, comme si la plus impérieuse nécessité n'eût point légitimé une mesure prise dans un intérêt commun, pour le salut de tous! Quelque temps après, il se maria et eut quatre filles qui furent : Mme de Fremont, Mme Yvon, Mme du Peyroux et Mme Bonneton.

Les Secretain avaient pour armes : *Une cloche sans battant*, sorte d'armoiries parlantes. Leur hôtel s'appelait, dans les vieux titres : « *La Baillie.* »

En 1636, vivait un Claude Secretain, notaire royal et garde-notes aux pays et duché de Bourbonnais.

XI *bis*. Jacques–Victor Bonneton, né à Chantelle en 1812, épousa Louise-Adélaïde des Corats, décédée en 1846, dont un fils :

> Gilbert-Elie, dont l'article viendra plus loin.

XII. Jacques-Marcellin Bonneton, né en 1829, conseiller général pour le canton de Chantelle, marié à Jeanne Mioche (1), fille d'un ancien officier de cavalerie et de dame N. Deshommes. Il fut père de deux filles :

> 1º Marguerite Bonneton, née à Ussel en 1859 ;
> 2º Louise Bonneton, née à Ussel en 1861.

XII *bis*. Gilbert–Elie Bonneton, né à Chareil-Cintrat, près Chantelle, le 2 août 1843, a épousé : 1º en 1871, Marie-Louise-Thérèse Gerbaud de Peyrusse, née le 27 août 1848 et décédée le 18 décembre 1878 ; 2º en mars 1880, Sarah Gerbaud de Peyrusse. (Toutes deux filles d'Antonin Gerbaud de Peyrusse et de dame Pétronille-Hortense Aupetit-Durand) (2).

Du premier mariage est issu :

> Louis-Jacques-René Bonneton, né à Chantelle en 1872.

QUATRIÈME BRANCHE

A BELLENAVES

VIII. Jacques Bonneton, IIIᵉ du nom (troisième fils de Jacques et de Françoise Constant), né à Riom, en 1708, fut garde général des eaux et forêts et collecteur des amendes en la maîtrise royale de Montmarault ; il se maria trois fois : 1º avec Marguerite de Nogent, morte le 29 juillet 1744, à l'âge de 35 ans, et dont il eut six enfants, ci-après ; 2º, le 4 octobre 1751, avec Catherine Mandosse, veuve de Louis-Charles Bourgeois, et fille de Gabriel Mandosse, garde général des eaux et forêts à Bellenaves, et de demoiselle Gilberte de Praloix ; elle mourut sans enfants à Bellenaves, âgée de 36 ans, le 27 mars 1753 ; 3º avec demoiselle Marie des Marins.

Du premier lit sont nés :

---

(1) La famille Mioche est ancienne ; elle vint se fixer à Ussel au commencement du xviiiᵉ siècle. En 1740, figurent comme présidents châtelains : Gilbert-François Mioche ; en 1764, Louis-Austremoine Mioche ; enfin, en 1834, est décédé à Ussel, M. Jean Mioche, conseiller du roi, juge civil et criminel et seul juge de police de la Châtellenie d'Ussel, Cressanges, le Bouchet et autres lieux en dépendant.

(2) La famille Aupetit-Durand a occupé et occupe encore un rang distingué dans la magistrature.

1° Michel, qui suit ;

2° Pierre BONNETON, auteur du PREMIER RAMEAU rapporté ci-dessous ;

3° Simon BONNETON, marié à demoiselle Gilberte PARRAIN ou PARRIN, dont une fille :

Marie BONNETON, née à Bellenaves, le 26 juillet 1765 ;

4° Marie BONNETON ;

5° Françoise BONNETON ;

6° Autre Françoise BONNETON, née à Bellenaves, le 18 février 1739.

IX. Michel BONNETON, né le 23 juin 1727, eut pour parrain Michel Brugnot de Marquefaille, procureur du roi des eaux et forêts de Montmarault, et pour marraine Marie Collandre ; il prit alliance : 1° le 8 février 1753, avec demoiselle Anne THOURET (1) de la paroisse des Deux-Chaises (Allier), fille de Charles Thouret, sieur de Froidefond, et de Marie Bonnelat ; 2° avec Marie MONTBRUN, dont un fils, militaire, mort dans les guerres du premier Empire.

Les enfants que Michel BONNETON eut d'Anne Thouret furent :

1° Charles BONNETON, né le 20 novembre 1756, qui entra dans les ordres sacrés, et mourut curé de la Fline, près Saint-Pourçain ;

2° Marc-Yves, qui suit ;

3° Ignace BONNETON, né le 26 mars 1764, mort le 7 février suivant ;

4° Antoine BONNETON, auteur du SECOND RAMEAU rapporté ci-dessous ;

5° Marie BONNETON, née le 31 janvier 1754, morte âgée, célibataire, en 1851, dite *mademoiselle Manon ;* elle était douée d'un esprit remarquable, et sa volonté faisait loi dans sa maison comme dans sa famille ;

6° Anne-Catherine BONNETON, née le 17 novembre 1755, mariée à Gervais MONTBRUN et décédée sans enfants ;

7° Sainte-Jeanne BONNETON, née le 4 novembre 1757, morte jeune ;

8° Marguerite BONNETON, née le 30 janvier 1759, morte en bas âge ;

9° Claire BONNETON, née le 10 août 1762, morte jeune ;

10° Madeleine BONNETON, née le 26 mars 1765, morte âgée, célibataire ;

11° Marie-Anne BONNETON, née le 4 juin 1766, morte le 11 décembre suivant ;

12° Anne-Élisabeth BONNETON, née le 18 février 1771, morte le 27 novembre 1772.

X. Marc-Yves BONNETON, né le 18 avril 1761, avocat à titre officieux, mort à Saint-Pourçain en 1843, eut pour femme Suzanne THONIER, de laquelle il eut les enfants ci-après :

1° François-Hippolyte, qui suit ;

(1) Dans les actes de l'état civil, ce nom s'écrit indistinctement THOURET ou TOURRET ; cette famille a donné un ministre de l'agriculture et du commerce sous Louis-Philippe.

2° Marie BONNETON, née à Gannat, en 1797, mariée à Gilbert-Joseph
   CHARGUERAUD, officier dans la garde impériale et chevalier de la
   Légion d'honneur, décoré par Napoléon Ier lui-même sur le pont
   de Montereau, en 1814. De cette union sont issus deux enfants:
      A Auguste CHARGUERAUD, né à Gannat en 1817, marié à
        Caroline KŒNIG, dont un fils :
          AA Charles-Gilbert-Joseph CHARGUERAUD ;
      B Madeleine CHARGUERAUD, en religion *sœur Marie-Louise*, née
        à Gannat en 1821, élève de Saint-Denis, religieuse de
        l'ordre de la Charité de Nevers, morte à Saint-Gildard,
        le 11 février 1879.

XI. François-Hippolyte BONNETON, né à Gannat, le 14 décembre 1799,
a épousé Gilberte MONTELEON, née en 1811 d'une famille noble d'origine
italienne (1), morte à Gannat en 1850.

De cette union sont nés quatre enfants, savoir :

   1° Joseph-Hippolyte, qui suit ;
   2° Hippolyte BONNETON, né en 1835, mort le 31 mai 1844 ;
   3° Madeleine BONNETON, née en 1833, morte jeune ;
   4° Marie-Philomène BONNETON, née à Gannat, au mois d'avril 1839, mariée
      à Hippolyte BONABEAU, sans enfants.

XII. Joseph-Hippolyte BONNETON, né à Gannat, le 21 juillet 1832, président du tribunal civil de Gannat, officier d'Académie, auteur de plusieurs
ouvrages littéraires et scientifiques, membre de l'Académie des sciences,
arts et belles-lettres de Bordeaux, de la Société des antiquaires de l'Ouest, etc.,
marié à Amélie ROUMEAUX, née à Naves en 1838, dont il a :

   Berthe BONNETON, née à Riom (Puy-de-Dôme), le 16 mars 1856.

PREMIER RAMEAU

IX. Pierre BONNETON (fils puiné de Jacques BONNETON et de Marguerite de
Nogent), né à Bellenaves, en 1735, fut garde général des eaux et forêts de
la maîtrise royale de Montmarault ; il épousa le 26 mai 1768, à Bellenaves,

(1) Le premier MONTELEON (MONTELEONE) connu, avait été fait prisonnier à la bataille de Marignan
et suivit le roi François Ier, à son retour en France.

demoiselle Madeleine TABARDIN, fille de feu M. TABARDIN, notaire royal, et de demoiselle Catherine BARTHELEMY, de la famille des Barthelemy-Montgond (1).

Il laissa pour enfants :

    1º Jacques, qui suit ;
    2º Martin BONNETON, né à Bellenaves, le 4 juillet 1771 ;
    3º François BONNETON, né le 2 mars 1774, mort le 22 mai 1777.

X. Jacques BONNETON, IIIe du nom, né en 1769, à Bellenaves, a épousé à Chantelle, Anne MORIO, sœur aînée des généraux Morio (2). De cette union sont nés deux enfants :

    1º Achille, qui suit ;
    2º Élisabeth BONNETON, née à Chantelle, le 25 avril 1801, morte à Chantelle en 1870, fut mariée à Antoine MORIO, né à Chantelle le 12 mars 1786, capitaine en retraite, officier de la Légion d'honneur, chevalier de Saint-Louis, mort à Chantelle le 31 octobre 1872, laissant de son union une fille :

        A. Clémentine MORIO, née à Chantelle le 3 novembre 1841 ; mariée à Edmond GUILLEMOT (3). De cette union sont nés trois enfants :

            AA. Ludovic GUILLEMOT, né le 3 décembre 1864 ;
            BB. Berthe GUILLEMOT, née le 14 mai 1866, décédée le 28 juin 1867 ;
            CC. Marie GUILLEMOT, née le 25 septembre 1868.

(1) Très-ancienne famille du Bourbonnais qui a possédé autrefois des fiefs, et s'est alliée à la noblesse. Armes : *d'or à une fasce de sable.*

Une branche de cette famille est connue en Auvergne sous le nom de DE MONTGOND. En Bourbonnais, elle est représentée *de nom*, par M. Louis-Barthélemy MONTGOND, et *de sang*, par MM. Gay, du Floquet, de Gannat, de Montpensin et de Saint-Pourçain.

(2) L'aîné, Joseph-Antoine MORIO, comte de Marienborn, général de division, officier de la Légion d'honneur, commandeur de l'ordre du Mérite militaire de Bavière, ministre de la guerre en Westphalie, etc., était né à Chantelle (Allier) le 16 janvier 1771 ; il est mort à Cassel, le 25 décembre 1811. — L'autre, Annet MORIO, baron MORIO DE L'ISLE, général de brigade, officier de la Légion d'honneur, chevalier de Saint-Louis, également né à Chantelle, le 6 janvier 1779, est décédé à Vanves, près Paris, le 24 février 1828. — La famille MORIO, originaire d'Italie, où elle occupa un rang élevé, s'implanta à Chantelle en l'année 1523. Les trois branches existantes en France sortent de cette souche Chanteloise. Armes des MORIO DE L'ISLE, comtes et barons du premier Empire : *Tiercé en fasce, au 1, d'azur à cinq bandes d'or ; au 2 échiqueté d'argent et de sable de trois traits ; au 3, d'azur, à un chevron d'argent accompagné de trois étoiles du même.*

(3) Sa mère, née Madeleine HURAULT, descend *directement* de Robert HURAULT, seigneur de Belesbat (neveu de Philippe Hurault de Chiverny). Robert épousa, en 1556, Madeleine, fille unique du chancelier de L'Hospital ; il en eût 9 enfants, 7 garçons et 2 filles. Les deux filles entrèrent dans les familles de Biron et de la Rivière. Quant aux garçons, Charles, l'aîné, prit les ordres et devint archevêqu e d'Aix ; deux laissèrent postérité : Michel et Robert.

Michel, comte de Fay, fut ambassadeur en Hollande et en Allemagne ; cette branche s'est éteinte en 1806.

Robert, pour se conformer au testament du chancelier, prit le nom de HURAULT DE L'HOSPITAL, tout en gardant les armoiries des HURAULT qui sont : *d'or, à la croix d'azur, cantonnée de quatre ombres de soleil de gueules.* Il n'eut qu'un fils, Jean, qui laissa plusieurs enfants dont les diverses branches se sont éteintes dans le siècle dernier, à l'exception de celle de Jean-Claude, son fils aîné, laquelle s'éteindra en la personne de M. l'abbé Hurault (frère de Mme Guillemot mère), prêtre très distingué et très méritant. Il est chanoine, curé de 1re classe de Saint-Pierre de Nevers, officier d'Académie, ancien membre de la Société nivernaise des lettres, sciences et arts, auteur de divers ouvrages de piété et d'éducation et, entre autres, d'un Recueil de fables parvenu à sa cinquième édition.

XI. Achille Bonneton, né à Chantelle le 11 août 1795, mort à Bayonne en 1846, élève de l'École polytechnique, chef de bataillon, officier de la Légion d'honneur, décoré de la main même de Napoléon Ier sur les buttes Montmartre ; fut marié en 1835, à demoiselle Marie-Clotilde-Victoire Laborde (1), née à Bayonne en 1810. De cette union sont nés trois enfants :

> 1° Emile-François Bonneton, né en 1836 ;
> 2° Léonide-Eugénie Bonneton, née en 1839;
> 3° Auguste-Achille-Eugène Bonneton, né en 1844.

DEUXIÈME RAMEAU

X. Antoine Bonneton (fils puîné de Michel Bonneton et d'Anne Thouret), né à Bellenaves, le 23 mars 1768, mort à Fognat, en 1829. Il s'était marié avec Marie-Procule Secretain (de la famille des Secretain d'Ussel), née à Bellenaves en 1769, décédée à Fognat, en 1857, laissant de son union deux enfants ci-après :

> 1° Étienne, qui suit;
> 2° Jean-Baptiste, qui suivra.

XI. Étienne Bonneton, né à Bellenaves, le 19 avril 1800, est mort à Fognat le 23 janvier 1856. Il avait épousé le 2 mars 1829, Appolline-Pétronille Morio, fille de Jean-Baptiste et de Catherine Secretain, sœur de la précédente, née à Chantelle, le 9 février 1806, morte à Fognat, le 30 juillet 1858, laissant de son union une fille :

> 1° Marie Bonneton, née à Fognat le 4 décembre 1829, mariée en 1850, à Pierre-Jean-Isidore Meillet (2), de la vieille souche des Meillet, (de Viplaix près Huriel), né à Laugère, en 1819, mort en 1872.
> De cette union est née une fille :

(1) Autrefois ce nom s'écrivait La Borde; Jean La Borde, bisaïeul de Madeleine, fut architecte-entrepreneur du roi aux fortifications, barre et citadelle de Bayonne. Il eut pour fils François La Borde, marié à Jeanne-Seconde Godefroy, de Bordeaux, dont le père était également architecte-entrepreneur des travaux du roi ; le frère aîné de celui-ci, Jean Godefroy, fut chevalier de Malte et inspecteur des plaisirs de la cour. Ils prétendaient descendre de Godefroy de Bouillon.

(2) Arrière-petit-fils du côté maternel de messire Joachim Faiguet de Villeneuve, ancien trésorier de France, membre de la Société de Bretagne, auteur de poésies élégantes, dont voici un fragment :

> « L'art d'écrire, art divin qu'un Tyrien nous apprit,
> « En parlant à nos yeux, éclaira notre esprit ;
> « Il sauva de l'oubli nos lois et nos usages,
> « Les exploits des héros et les leçons des sages. »

Il décéda en 1781, à l'âge de 75 ans. Il fut l'époux d'Elisabeth Verrouquier de Saint-Argier, d'une ancienne famille noble du Bourbonnais, qui occupa dans les finances, les conseils du roi, l'armée et la marine, des emplois honorables. Les armoiries des Verrouquier sont: *d'azur, à la main d'argent*.

A Appolline-Sophie-Philomène-Marie Meillet, née à Huriel,
le 3 février 1854, mariée en 1872 avec Louis-Marie-
Eugène Boussard d'Hauteroche (1), né en 1845. De
cette union sont nées trois filles :

> *AA* Marie-Antoinette d'Hauteroche, née le
> 24 avril 1873 ;
> *BB* Marie-Gabrielle d'Hauteroche, née le 7 sep-
> tembre 1874 ;
> *CC* Marie - Josèphe - Alice d'Hauteroche, née
> le 15 mars 1878.

XI *bis*. Jean-Baptiste Bonneton, né à Bellenaves, le 22 décembre 1801,
marié à Élisabeth Esmelin (2), née à Bellenaves en 1804, morte en
1839. De cette union vinrent deux fils :

> 1º Étienne, qui suit ;
> 2º Auguste, qui suivra.

XII. Étienne Bonneton, IIº du nom, né à Bellenaves, le 30 octobre 1828,
major au 71º de ligne, chevalier de la Légion d'honneur, subit, en 1870,
les horreurs du siège de Metz et de la captivité en Prusse ; il avait fait les
campagnes d'Afrique et celle d'Italie. C'est après la bataille de Montebello
qu'il reçut son brevet de chevalier de la Légion d'honneur. Il mourut le 2 décembre 1874 ; il avait épousé, en 1861, Emma Gerbaud, fille de N. Gerbaud
et de dame Michelle Desmaroux, dont il eut :

> Jean-Baptiste-Aimé-Étienne Bonneton, né à Moulins, le 8 mars 1862.

XII *bis*. Auguste Bonneton, né à Bellenaves, le 1ᵉʳ janvier 1831, marié
à Hortense Martin, de laquelle il a une fille :

> Annette Bonneton, née à Moulins, le 24 avril 1856, mariée à André Ber-
> thonnier, docteur en médecine à Moulins. Ils ont une fille :
> *A*. Marguerite-Andrée-Augustine, née à Moulins, le 30 oc-
> tobre 1877.

(1) Les armoiries des d'Hauteroche sont : *d'azur, à deux chevrons d'argent, accompagnés en chef
de deux étoiles, et en pointe d'un croissant, le tout du même.*

(2) La famille Esmelin est très ancienne : bien avant 1793, elle occupait des fonctions adminis-
tratives.

www.ingramcontent.com/pod-product-compliance
Lightning Source LLC
Chambersburg PA
CBHW051221050726
47594CB00007B/3309